TQM
(Total Quality Management)
– eine unternehmensweite Verpflichtung

Vorlagen zur Vorbereitung
und Einführung im Unternehmen

Ausgearbeitet von

der Arbeitsgruppe 141 „Qualitätszirkel/TQM"
der **Deutschen Gesellschaft für Qualität e. V.** (DGQ)
August-Schanz-Straße 21 A, 6000 Frankfurt am Main 50

DGQ-Schrift 14-13
TQM – eine unternehmensweite Verpflichtung

1. Auflage 1990

Hrsg. Deutsche Gesellschaft für Qualität e.V. Ffm
Berlin: Beuth Verlag GmbH
1990, 112 S., A5 brosch.
ISBN 3-410-32820-3

Haftungsausschluß

DGQ-Schriften sind Empfehlungen, die jedermann frei zur Anwendung stehen. Wer sie anwendet, hat für die richtige Anwendung im konkreten Fall Sorge zu tragen.

Die DGQ-Schriften berücksichtigen den zum Zeitpunkt der jeweiligen Ausgabe herrschenden Stand der Technik. Durch das Anwenden der DGQ-Empfehlungen entzieht sich niemand der Verantwortung für sein eigenes Handeln. Jeder handelt insoweit auf eigene Gefahr. Eine Haftung der DGQ und derjenigen, die an DGQ-Empfehlungen beteiligt sind, ist ausgeschlossen.

Jeder wird gebeten, wenn er bei der Anwendung der DGQ-Empfehlungen auf Unrichtigkeiten oder die Möglichkeit einer unrichtigen Auslegung stößt, dies der DGQ umgehend mitzuteilen, damit etwaige Fehler beseitigt werden können.

CIP-Titelaufnahme der Deutschen Bibliothek

TQM: (total quality management) – eine unternehmensweite Verpflichtung; [Vorlagen zur Vorbereitung und Einführung im Unternehmen] / ausgearb. von d. Arbeitsgruppe 141 „Qualitätszirkel/TQM" der Dt. Ges. für Qualität e.V. Dt. Ges. für Qualität e.V. (DGQ). – 1. Aufl. – Berlin: Beuth, 1990 (DGQ; Nr. 14,13)
ISBN 3-410-32820-3
NE: Deutsche Gesellschaft für Qualität / Arbeitsgruppe Qualitätszirkel, TQM; (Total quality management) – eine unternehmensweite Verpflichtung; Deutsche Gesellschaft für Qualität: DGQ

Nachdruck und Vervielfältigungen, mit Ausnahme der als Folien gekennzeichneten Vorlagen, nur mit Einwilligung der DGQ © 1990

Inhalt

		Seite
Vorwort		5

0	Hinweise zur Handhabung dieser Schrift	6
1	TQM – eine unternehmensweite Verpflichtung	7
1.1	Was heißt unternehmensweite Verpflichtung?	8
1.2	Was heißt Verbesserung der eigenen Arbeit?	14
1.3	Was heißt Sicherung der Wettbewerbsfähigkeit?	18
1.4	Was ist neu am TQM-Konzept?	21
1.5	Was bedeutet hier Qualität?	31

2	Bausteine des TQM	37
2.1	Unternehmensgrundsätze / Qualitätspolitik	38
2.2	Interne Kunden-Lieferanten-Beziehungen	42
2.3	Denken in Prozessen	44
2.4	Ständige Verbesserungen, Ziele / Meßgrößen	50
2.5	Führungsverhalten	58
2.6	Beurteilungs- und Belohnungssystem	62

3	TQM als Managementsystem	64
3.1	Externe Forderungen	67
3.2	Interne Forderungen	72
3.3	TQM-Verfahren und -Werkzeuge	75
3.4	Abhängigkeiten	81

4	Einführungsplan für TQM	82
4.1	Top Management-Verpflichtung	89
4.2	Lenkungsgremium	90

		Seite
4.3	TQM-Koordinator	92
4.4	Mitarbeiterinformation	95
4.5	Weiterbildung	96
4.6	Arbeiten aller an ständiger Verbesserung	98
4.7	TQM-Audit und -Review	100
4.8	Anerkennung	102
4.9	Wiederauffrischung	105
5	Literatur	106

Vorwort

Das Wirtschaftsgeschehen am Ausgang der 80er Jahre ist geprägt von einer stetigen Zunahme internationaler Geschäftsverbindungen. So haben die Unternehmen allen Grund, darüber nachzudenken, wie sie international wettbewerbsfähig bleiben, ihre Position verbessern und langfristig überleben können. Die Erfahrung zurückliegender Jahre besagt, daß in erster Linie die Qualität der Produkte oder Dienstleistungen den Markterfolg bestimmt. Zudem ist die Einsicht gewachsen, daß Qualität nicht ausschließlich ein Problem der Fertigung ist. Qualitätsverbesserung ist jedermanns Sache im Unternehmen. Dies beschränkt sich keineswegs auf die technischen Bereiche allein, sondern umfaßt grundsätzlich alle Mitarbeiter. Mit anderen Worten: in einem Unternehmen, das sich die höchstmöglichen Qualitätsziele setzt, muß jeder an seinem Platz mitwirken, und die Leitung des Unternehmens muß klare Ziele setzen.

Im Englischen ist hierfür der Begriff „Total Quality Control" oder besser „Total Quality Management" geprägt worden. Man könnte dies mit „umfassendes Qualitätsmanagement" übertragen. Um den Gedanken dieses umfassenden Qualitätsmanagements einer breiten Öffentlichkeit darzulegen, hat der Lenkungsausschuß Gemeinschaftsarbeit der Deutschen Gesellschaft für Qualität e.v. (DGQ) die Arbeitsgruppe 141, „Qualitätszirkel/TQM" damit beauftragt, eine Anleitung zu erarbeiten. Sie soll insbesondere zur praktischen Hilfestellung bei der betrieblichen Umsetzung des übergeordneten Qualitätsgedankens dienen.

Die AG 141 legt hiermit ihr Arbeitsergebnis vor. Die DGQ spricht den Mitgliedern ein herzliches Dankeschön für das Gelingen dieser so wichtigen Arbeit aus und wünscht der Schrift eine weite Verbreitung.

Frankfurt am Main, im Januar 1990

Deutsche Gesellschaft für Qualität e.V.
    Dr.-Ing. W. Hansen
    Vorsitzender

An der Erarbeitung der Schrift haben teilgenommen:

Herr Dipl.-Ing. H. D. Berlik	Volkswagen AG	Hannover
Herr H. Buitkamp	OTTO-Versand	Hamburg
Herr Dipl.-Ing. H. Finckh	Hewlett-Packard	Böblingen
Herr Dipl.-Ing. H. U. Frehr	Allgemeine	Hamburg
(Obmann)	Deutsche Philips	
Herr Dr.-Ing. H. Lang	SEL AG	Stuttgart
Herr Dipl.-Ing. A. Lupberger	Carl Freudenberg	Weinheim
Herr Dipl.-Ing. M. Schubert	Siemens AG	München
Herr Dipl.-Ing. H. Seibel	Pelikan AG	Hannover
Herr Dipl.-Ing. D. Soemer	ABB AG	Mannheim

0 Hinweise zur Handhabung dieser Schrift

Die folgenden Folienvorlagen sind zur Unterstützung von Informations- und Schulungsveranstaltungen bei der Einführung des Total Quality Management (TQM) in einem Unternehmen gedacht.

Sie sind ein Hilfsmittel, um die Informationen anschaulich, klar und einprägsam mittels Tageslichtprojektor zu vermitteln.

Es wird empfohlen, die entsprechenden Folien, ausgerichtet auf den jeweiligen Adressatenkreis, zusammenzustellen und durch eigene Folien mit firmenspezifischen Aussagen zu ergänzen.

Ohne Zweifel ist das Wesentliche am Vortrag sein Inhalt; doch der Inhalt wird durch passsende und gut lesbare Folien vom Zuhörer besser aufgenommen. Jeder Vortrag wird durch gute Folien zusätzlich gewinnen und damit erfolgreicher sein.

Viele der dargestellten Folien sprechen für sich und bedürfen keines besonderen Kommentares, sondern lediglich der verbindenden und erklärenden Worte des Vortragenden.

TQM

(Total Quality Management)

eine unternehmensweite Verpflichtung

1.1 Was heißt unternehmensweite Verpflichtung?

Kommentar zur Vorlage 1.1
Unternehmensweite Verpflichtung

Ziel der unternehmensweiten Verpflichtung zur hohen Qualität ist es, für die Kunden ein besseres Unternehmen zu werden, bessere Produkte, bessere Dienstleistungen, bessere Betreuung zu bieten – die Erwartungen der Kunden zu erfüllen. Um dies zu erreichen, muß die Qualitätsverbesserung des Unternehmens „im Kopf beginnen" und zwar im doppelten Sinne:
- im Kopf des Unternehmens – dem Top Management
- im Kopf jedes einzelnen Mitarbeiters.

Alle Glieder (hierarchische Ebenen, betriebliche Funktionen, Mitarbeiter) sind an der Verbesserung ihrer eigenen Arbeit und der Leistung für den Kunden zu beteiligen, nicht nur die Mitarbeiter der Produktion. Mehr als 80 % aller Fehlleistungen, wie sie beim Kunden auftreten, haben ihre Ursachen im Marketing, Vertrieb, Entwicklung und Planung.

Nur zufriedene Kunden kaufen die Produkte eines Unternehmens, Kaufentscheidungen fallen meistens auf Basis des Rufes eines Unternehmens und auf Basis gemachter Erfahrungen (eigene und fremde). Ein zufriedener Kunde berichtet an 8 weitere Personen, ein unzufriedener an 18! Einen Kunden zu behalten, erfordert nur 20 % der Aufwendungen, die für die Gewinnung eines neuen Kunden erforderlich sind.

Zufriedenheit von Kunden und Mitarbeitern ist für ein Unternehmen gleich wichtig. Erfüllte Erwartungen schaffen Zufriedenheit. Gründliche und laufende Ermittlungen der Erwartungen – auf dem Markt und intern – ist daher eine unverzichtbare Notwendigkeit für jedes zukunftsorientiertes Unternehmen.

- Qualität beginnt im Kopf
- Alle »Glieder« aktivieren
- Kundenzufriedenheit ist oberstes Ziel
- Erwartungen erfüllen (Mitarbeiter...)

Unternehmensweite Verpflichtung

1.1

Kommentar zur Vorlage 1.1.1
TQM-Dreieck

Qualitätsfähigkeit eines Unternehmens heißt gleichzeitig Leistungsfähigkeit.

Die Qualität des Unternehmens am Markt beinhaltet viel mehr als die Qualität der Produkte alleine. Sie umfaßt alle Leistungen des Unternehmens für die Kunden. Hierbei spielen die Qualität der Arbeit jedes Mitarbeiters und die fehlerfreie Zusammenarbeit im Unternehmen eine wesentliche Rolle.

Basis für das Verhalten eines Unternehmens am Markt – als Ergebnis des Handelns aller Mitarbeiter – sind die festgelegten, allen Mitarbeitern bekannten und insbesondere von den Führungskräften praktizierten Unternehmensgrundsätze. Die Qualitätspolitik (siehe Abschnitt 2.1) ist dabei ein wichtiger Teil.

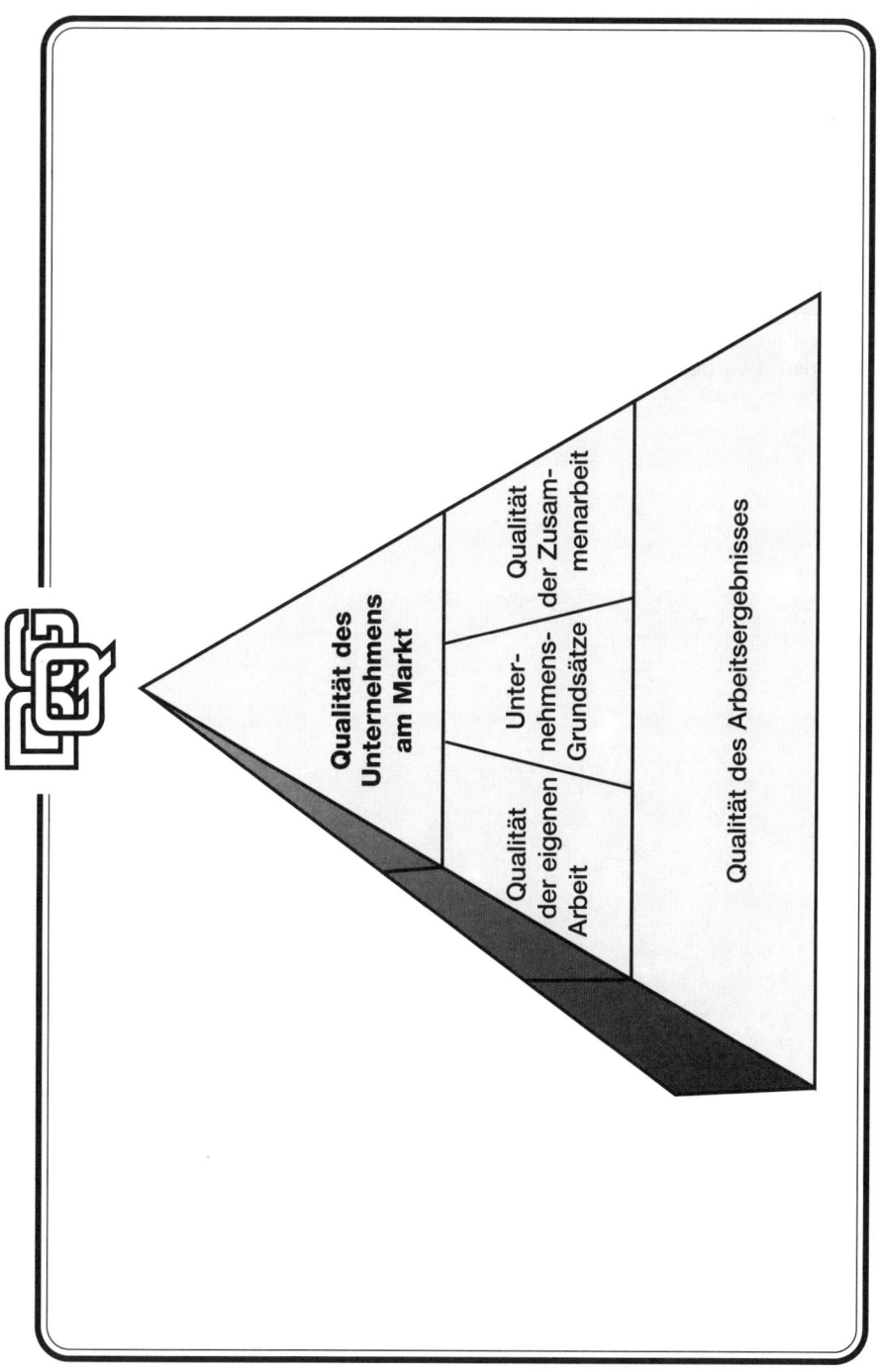

Kommentar zur Vorlage 1.1.2
Die „Erlebniswelt" des externen Kunden

Die Darstellung zeigt die Erlebniswelt des externen Kunden. Daraus ergibt sich die Notwendigkeit, Qualitätsverbesserungen in allen Bereichen eines Unternehmens durchzuführen. Das Produkt selbst – und seine Qualität – ist nur ein Bereich (Warenbenutzung) von hier dargestellten 16, mit denen der Kunde eines Unternehmens in Berührung kommt. Nur wenn **alle** Mitarbeiter und Bereiche die Erwartungen des Kunden erfüllen – vom Pförtner bis zur Buchhaltung und vom Verkäufer bis zur Telefonzentrale –, wird das Unternehmen das Vertrauen eines Kunden gewinnen und behalten können. Jeder Bereich muß daher seine eigene Tätigkeiten und seine Zusammenarbeit mit den anderen Bereichen durch kontinuierliche Verbesserungsmaßnahmen weiterentwickeln und stärken.

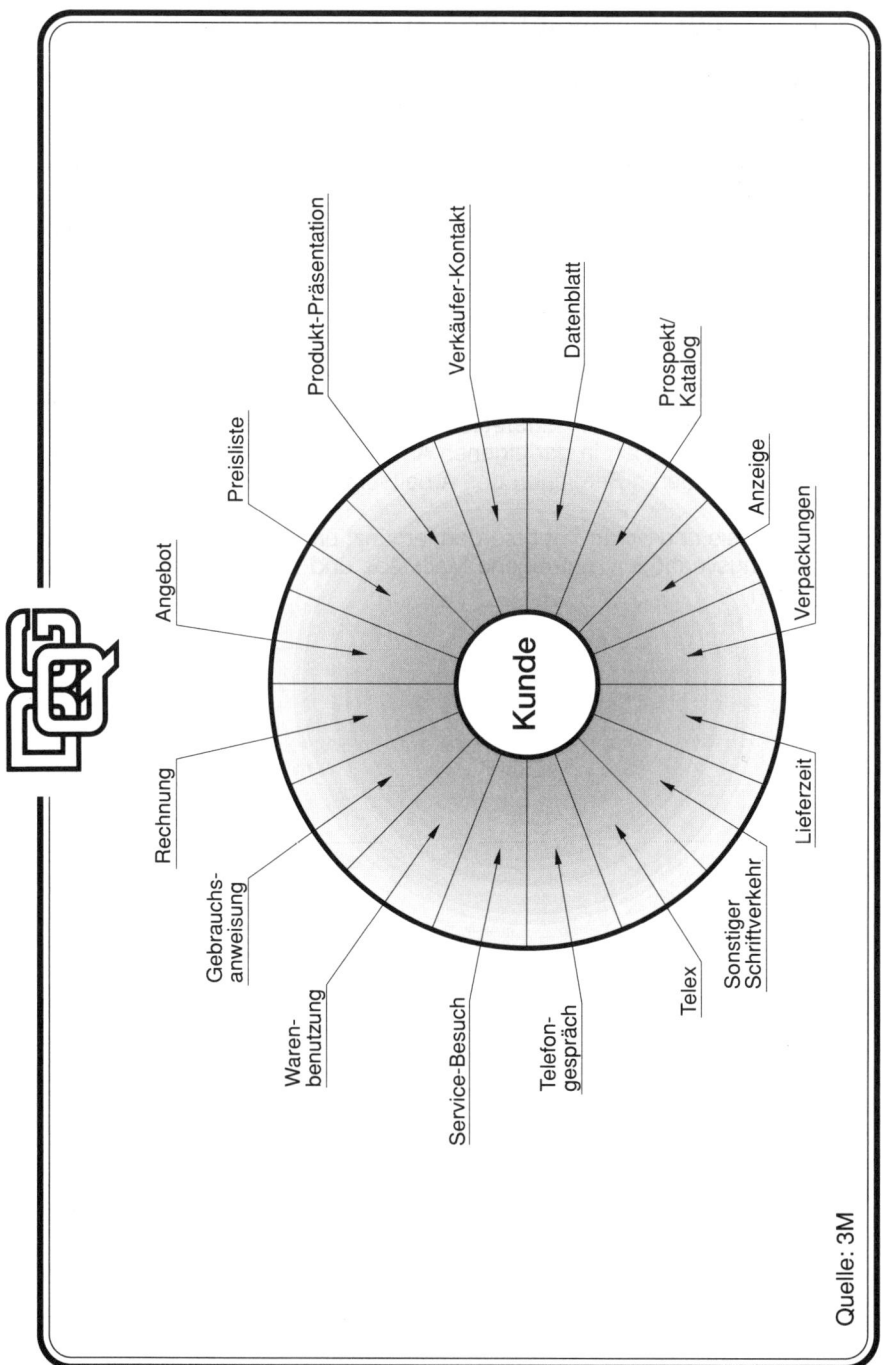

Quelle: 3M

Die »Erlebniswelt« des externen Kunden

1.2 Was heißt Verbesserung der eigenen Arbeit?

Kommentar zur Vorlage 1.2
Ständige Verbesserung der eigenen Arbeit

Verbesserungen der Gesamtleistung eines Unternehmens sind nur über bessere und qualifiziertere Arbeit eines jeden einzelnen zu erreichen. Aber nicht planloses Agieren, sondern planvolle an Qualitätszielen ausgerichtete Tätigkeiten führen zum Erfolg.

Qualität wollen bedeutet daher auch Planung der eigenen Arbeit.

Weiterentwicklung wird möglich, wenn Vorgesetzte und Mitarbeiter Ziele vereinbaren, die es zu erreichen gilt. Diese persönlichen Qualitätsziele müssen sich an Bereichs- und Unternehmensstrategien orientieren und akzeptiert sein. Verbesserungen lassen sich in der eigenen Arbeitsorganisation, aber in gleicher Weise in allen anderen Bereichen des Arbeitsumfeldes erreichen.

Es ist Phantasie und Kreativität gefordert, ergänzt um die erforderliche Portion Durchsetzungsvermögen, um eigene Maßstäbe und Ziele zu entwickeln und umzusetzen.

- ☐ Qualität wollen
- ☐ Eigene Maßstäbe und Ziele erarbeiten
- ☐ Ziele vereinbaren und umsetzen
- ☐ Ergebnisse sichern

Ständige Verbesserung der eigenen Arbeit

»Quidquid agis, prudenter agas et respice finem«

römisches Sprichwort

» Was Du auch immer tust, tue es klug und denke daran, wie es ausgeht.«

Quelle: HP

TQM vor 2000 Jahren

1.2.1

1.3 Was heißt Sicherung der Wettbewerbsfähigkeit?

**Kommentar zur Vorlage 1.3
Sicherung der Wettbewerbsfähigkeit**

Systematisch in allen Bereichen des Unternehmens durchgeführtes TQM bewirkt deutliche Fehlerreduzierung in allen Funktionen.

Weniger Fehler bewirken störungsfreie Abläufe, bessere Kapazitätsnutzung und damit sichere Termine und geringere Kosten. Sie bedeuten weniger Reparaturen bei der Herstellung und beim Kunden und damit zufriedene Kunden und höheren Marktanteil.

TQM stärkt Kreativität und Motivation der Mitarbeiter und erschließt damit zusätzliches Innovationspotential. TQM führt zu beherrschten qualitätsfähigen Prozessen auch in Planung, Entwicklung, Distribution und Kundenbetreuung und ergibt damit eine deutlich höhere Flexibilität.

☐ **TQM fördert**
- Innovation
- Flexibilität
- Finanzstärke

☐ **TQM bewirkt**
- Produkte und Dienstleistungen hoher Qualität
- Termingerechte Lieferungen
- Preiswürdigkeit

☐ **TQM stärkt**
- Marktposition

Sicherung der Wettbewerbsfähigkeit

Was ist neu am TQM-Konzept?

Kommentar zur Vorlage 1.4.1
Demings Kette

TQM ist ein Managementsystem, das ein übergreifendes Qualitätsdenken zum Inhalt hat, das durch gute Leistungen des Unternehmens zufriedene Kunden schafft und gute wirtschaftliche Ergebnisse erzielt.

Das dem TQM-Prozeß zugrundeliegende Denkmodell zeigt die nach E. Deming genannte Kette [1].

Entscheidend ist, daß Qualitätsverbesserung am Anfang des Prozesses stehen muß. Die so beliebten Kostenreduzierungsprogramme wirken zwar kurzfristig, führen aber in der Regel zu verschlechteter Kundenbetreuung. Ein zukunftsorientiertes und strategisch denkendes Management wird daher dem etwas länger dauernden – dafür aber auch langfristig ergebniswirksam bleibenden – Qualitätsverbesserungen den Vorzug geben.

Die Kette wirkt nur, wenn sie von Anfang an durchlaufen wird, Seiteneinstiege erzielen nicht das gewünschte Ergebnis.

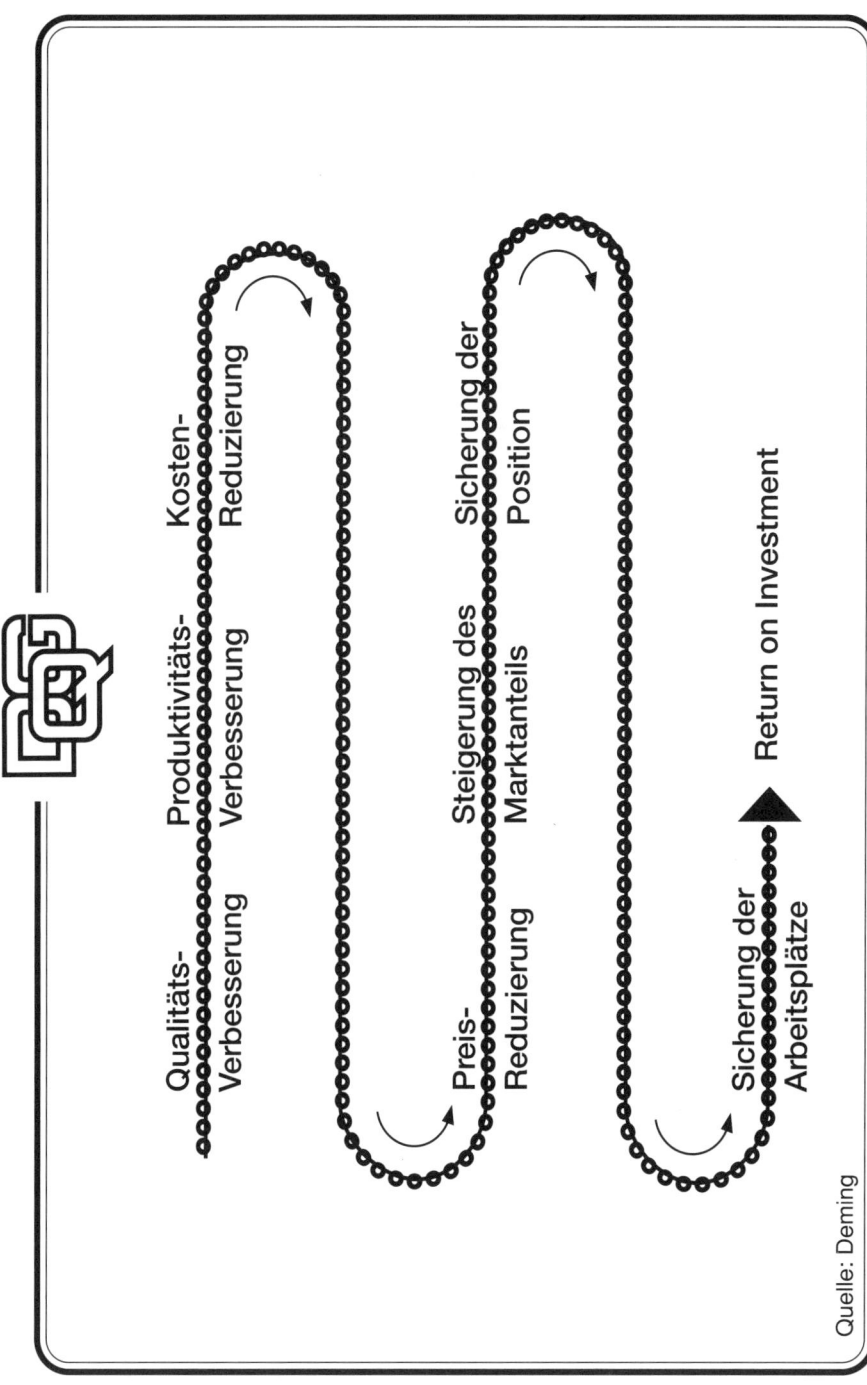

Demings Kette

Qualitätsverbesserung
Schlüssel zum Erfolg

☐ **TQM fördert kooperativen Führungsstil**
- Mitarbeiter partizipieren bei Entscheidungen und können bislang nicht genutztes Kreativitätspotential einbringen.
- Vorgesetzte erhalten von innen bessere Informationen für Entscheidungen.

☐ **TQM erschließt ungenützte Ressourcen**
- »Vor-Ort-Kompetenz« löst anstehende Aufgaben/Probleme.
- Zusätzliche Verbindungen entstehen in eingespielten/hierarchischen Informations- und Entscheidungsabläufen.

- **TQM ergibt bessere Leistungen des geführten Bereichs**
  - Informationen fließen schnell
  - Auf »Eis« liegende Aufgaben/Probleme werden bearbeitet

- **Praktiziertes TQM fördert persönliche Karriere**
  - Mitarbeiter erhalten breitere und schnellere Informationen
  - Mitarbeiter arbeiten kooperativ

Qualität ist die Beschaffenheit einer
Einheit bezüglich ihrer Eignung,
die Qualitätsforderung zu erfüllen

(nach DIN 55350 Teil 11)

1.5

Was bedeutet hier Qualität?

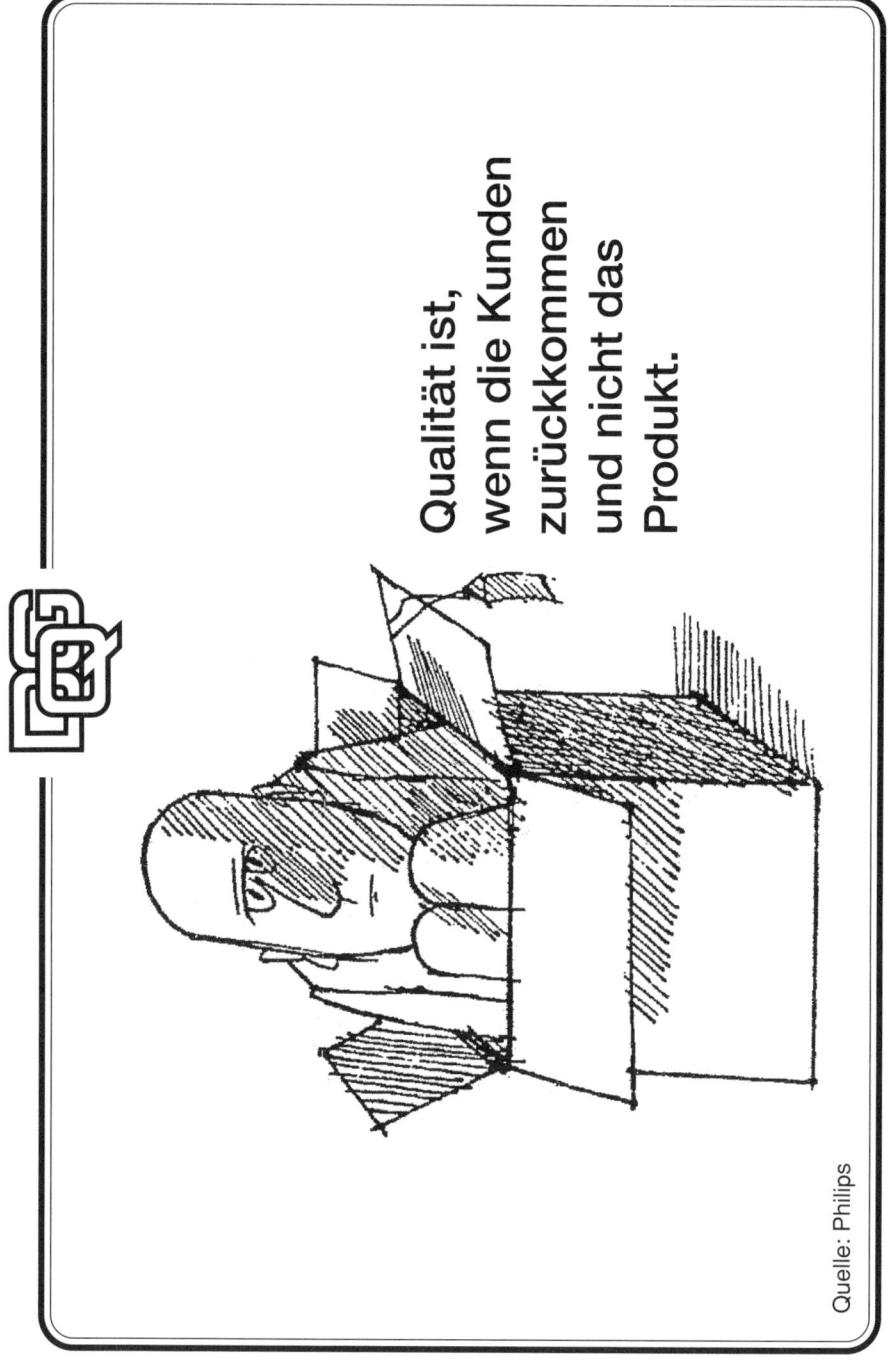

Quelle: Philips

Quelle: Siemens

Bausteine des TQM

2.1 Unternehmensgrundsätze/Qualitätspolitik

Kommentar zur Vorlage 2.1.
Unternehmensgrundsätze / Qualitätspolitik

Wer das Ziel nicht kennt, kann den Weg nicht finden.

Unternehmensweite Verpflichtung zur Qualität verlangt eine Festlegung der Grundsätze und Verhaltensweisen durch die Unternehmensleitung in Form einer Qualitätspolitik. Nur wenn alle Mitarbeiter diese Unternehmensziele kennen und verstanden haben, können sie an der Erreichung der Ziele mitarbeiten.

Eine gute Qualitätspolitik sollte folgende Themen behandeln:
- Was heißt Qualität für unser Unternehmen?
- Warum ist Qualität wichtig?
- Wen geht Qualität an?
- Verantwortung der Führungskräfte für Qualität.
- Qualitätsziele des Unternehmens.

Sie soll vage Formulierungen wie: es wird erwartet, es sollen, es ist notwendig, Qualität ist unser Anliegen etc. vermeiden und statt dessen konkrete Elemente wie: Das Management wird . . . , unser Ziel bis . . . ist . . . verwenden.

Eine gut formulierte Qualitätspolitik ist eine vertrauensbildende Maßnahme für die Kunden, sie ist auch Bestandteil des Qualitätssicherungs-Handbuchs und Voraussetzung für Qualitätsstrategien sowie daraus abzuleitende Qualitätszielsetzungen.

Siehe auch Normen DIN ISO 9001 und 9004, Abschnitt 4 [2].

☐ Grundsätze

- für alle verständlich machen
- stufenweise konkretisieren
- für alle Ebenen ableiten
- Rückinformation sicherstellen

Unternehmensgrundsätze/Qualitätspolitik

Kommentar zur Vorlage 2.1.1
Gliederung der Qualitätspolitik

Eine von der Unternehmensleitung formulierte und veröffentlichte Qualitätspolitik muß in der Arbeitsweise jedes einzelnen Mitarbeiters realisiert werden. Dazu ist es aber erforderlich, die notwendigerweise allgemein gehaltene Unternehmensqualitätspolitik in den hierarchischen Stufen zu detaillieren und zu konkretisieren. Nur durch diesen Prozeß (im englischen „Quality Policy Deployment" genannt) kann aus der Qualitätspolitik des Unternehmens die daraus für die einzelnen Arbeitsbereiche resultierende Aufgabenstellung hergeleitet werden. Ohne diese stufenweise Detaillierung und Konkretisierung bleibt die Unternehmenspolitik wirkungslos.

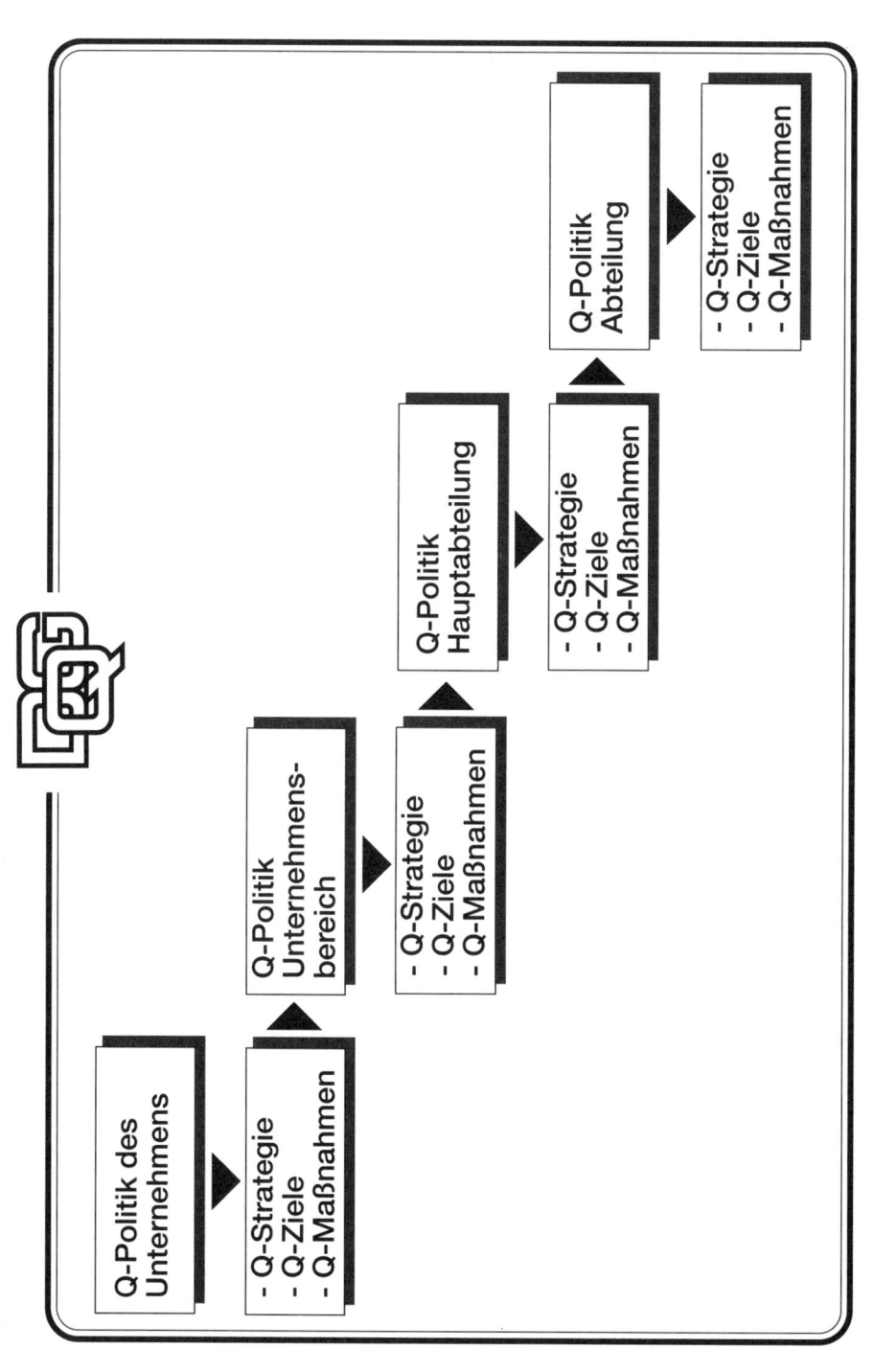

```
Q-Politik des          Q-Politik
Unternehmens           Unternehmens-          Q-Politik
                       bereich                Hauptabteilung         Q-Politik
                                                                     Abteilung
- Q-Strategie         - Q-Strategie          - Q-Strategie          - Q-Strategie
- Q-Ziele             - Q-Ziele              - Q-Ziele              - Q-Ziele
- Q-Maßnahmen         - Q-Maßnahmen          - Q-Maßnahmen          - Q-Maßnahmen
```

Gliederung der Qualitätspolitik ("policy deployment")   2.1.1

2.2 Interne Kunden-Lieferanten-Beziehungen

Kommentar zur Vorlage 2.2.1
Kunden-Lieferanten-Beziehung

Die unternehmensweite Verpflichtung zur Qualität kann sich jeder im Unternehmen leicht verständlich machen, wenn er sich sowohl als „firmeninterner" Kunde als auch als „firmeninterner" Lieferant im Arbeitsprozeß betrachtet. Hierzu einige Fragestellungen:

- Wer ist Abnehmer / Kunde meiner Arbeit?
  - Bekommen Sie genau das, was Sie von mir erwarten?
  - Habe ich Sie über meine Möglichkeiten / Fähigkeiten informiert?

- Wer ist Zulieferer / Lieferant für meine Arbeit?
  - Habe ich Ihnen mitgeteilt, was ich wirklich von Ihnen benötige?
  - Kenne ich Ihre Möglichkeiten / Fähigkeiten?

- Wie erfüllt meine Arbeit die Anforderungen meiner Kunden und die Erwartungen meiner Lieferanten?
  - Welche Störungen treten auf?
  - Was muß ich verbessern?

Jeder ist Kunde **und** Lieferant

A Lieferant → Kunde

Anforderung →

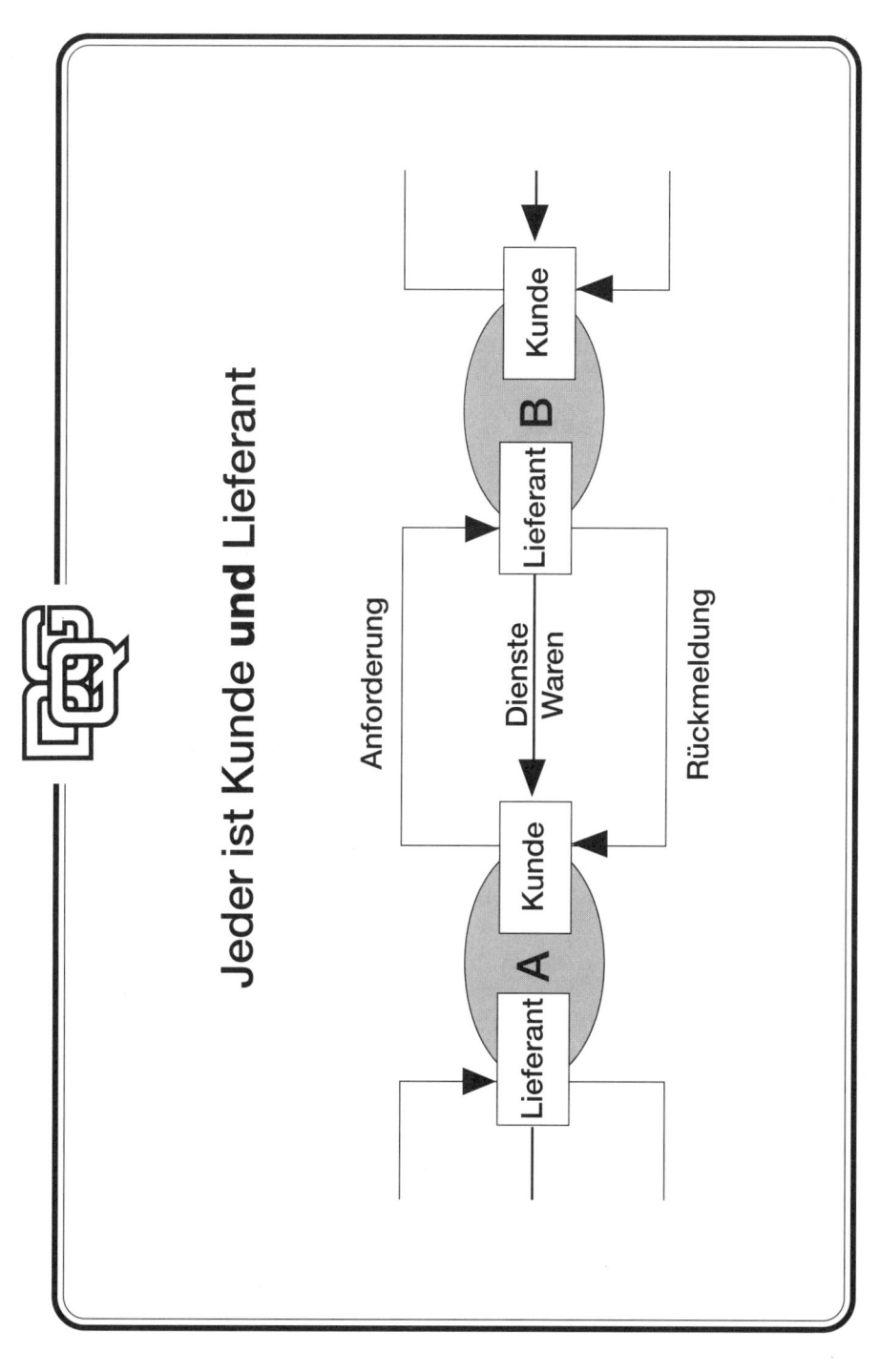

Dienste / Waren →

Rückmeldung ←

B Lieferant → Kunde

TQM-Grundmodell: Kunden-Lieferanten-Beziehung

2.2.1

2.3 Denken in Prozessen

**Kommentar zur Vorlage 2.3
Denken in Prozessen**

Jeder einzelne Arbeitsvorgang ist Bestandteil eines Prozesses und ist zwangsläufig verknüpft mit vor- und nachgeschalteten Arbeitsvorgängen. Qualitätsforderungen an Produkte und Leistungen bedingen damit auch Qualitätsforderungen an die einzelnen Arbeitsvorgänge.

Das heißt: in jeder Phase einer Produkt- und Leistungsentstehung ist eine Qualitätsforderung zu erfüllen, deren Erfüllungsgrad sich auf die weiteren Phasen auswirkt.

Jeder am Prozeß Beteiligte muß

- ein ganzheitliches Denken praktizieren im Verhältnis von Lieferant und Kunde auch im Unternehmen

- die Auswirkungen nicht forderungsgerechter Arbeit kennen – Produkt, Abläufe, Kosten usw. –

- bei erkannten Abweichungen im Sinne eines geforderten Endergebnisses – welches ihm bekannt sein muß – reagieren.

Auch hier gilt: Ganzheitliches Denken **und** Handeln ist unabdingbare Forderung im Sinne von TQM.

Jeder Arbeitsvorgang ist Teil eines Prozesses.
Prozesse erfordern von jedem

- das Denken in Zusammenhängen
- das Erkennen von Verknüpfungen
- das Berücksichtigen des geforderten Enderbnisses (= Ablieferung an den Konsumenten).

2.3

Denken in Prozessen

Kommentar zur Vorlage 2.3.1
Zahnradbild

Qualität und Prozeß
Die Qualität von Produkten (Waren) und Leistungen wird von mehreren Einflüssen im Arbeitsprozeß (Werterstellungsprozeß) bestimmt. Dies soll am Beispiel eines Planetengetriebes symbolisch dargestellt werden:

Der Mensch (Mitarbeiter)
Das reibungslose Arbeiten des Getriebes hängt mittelbar oder unmittelbar vom einzelnen Menschen (Mitarbeiter) ab. Er treibt das Betriebsgeschehen (Getriebe), steht im Mittelpunkt.

Um neue Aufgaben (anforderungs-) qualitätsgerecht zu erfüllen, muß er
- das erforderliche Wissen und Können haben
- bereit sein, seine Fähigkeiten voll einzusetzen und
- gut zusammenarbeiten können.

Das Material
Geeignetes Material wird von der Entwicklung ausgewählt und festgelegt sowie in der geforderten Beschaffenheit von den herstellenden Bereichen beschafft und verarbeitet.

Analog hierzu sind im Dienstleistungsbereich unter Material die zugekauften Produkte und Leistungen zu verstehen.

Die Maschinen
Arbeitsmittel, z. B. geeignete Maschinen und Werkzeuge, weisen die erforderliche Qualitätsfähigkeit auf, sind also „prozeßfähig".

Die Methoden
Geeignete Arbeitsmethoden und Verfahren – in allen Bereichen angewendet – steuern und regeln die Arbeit und den Einsatz der Arbeitsmittel.

Die Mitwelt (Umfeld)
Sowohl die Wirkung und Eignung des Umfeldes auf das Getriebe als auch des Getriebes auf das Umfeld ist entsprechend zu berücksichtigen.

Letztlich wird es aber immer die Qualität der Arbeit des einzelnen sein, der die Qualität der Produkte und der Leistungen mittelbar oder unmittelbar verändern kann.

Zum Zwecke der analytischen Darstellung wird häufig auch das Ursachen-Wirkungs-Diagramm (Ishikawa-Diagramm, s. z.B. [3]) angewendet.

Reibungsloses, anforderungsgerechtes Zusammenwirken → Prozeß 2.3.1

Quelle: Siemens

2.3.2

- ☐ Das Produktdesign muß »robust« sein
- ☐ die Prozesse müssen beherrscht und qualitätsfähig werden
- ☐ alle notwendigen Informationen und Rückinformationen müssen gegeben werden
- ☐ Qualifikation muß stimmen
  - Aus- und Weiterbildung
  - Fertigkeit
- ☐ Arbeitsmittel müssen geeignet sein
- ☐ Material muß geeignet sein
- ☐ Forderungskatalog (»Soll«) muß vorhanden und vollständig sein
  - Lastenheft
  - Arbeitsplatzanforderungen
  - Kundenerwartungen

Voraussetzungen schaffen

2.4 Ständige Verbesserungen, Ziele/Meßgrößen

Kommentar zur Vorlage 2.4
Ständige Verbesserungen

Ständige Verbesserungen führen zu immer weniger Fehlern. In diesem Sinn ist „NULL FEHLER" der Name einer Strategie zur Steigerung der Arbeitsqualität. Durch systematische Fehlerverhütung werden bessere Ergebnisse erzielt. Dabei wird die unmittelbare Verantwortung jedes einzelnen Mitarbeiters für die Produkt/Dienstleistungsqualität bewußt herausgestellt. „NULL FEHLER" richtet sich nicht nur an die Fertigung. Jeder einzelne im Unternehmen, welche Funktion er auch immer ausüben mag, muß die Grundgedanken verstehen. Nur so kann ein Erfolg erzielt werden. Es muß klar und deutlich sein, was „NULL FEHLER" will.

Besonders die Führungskräfte müssen der Strategie den nötigen Rückhalt verleihen und sie voll und ganz vertreten. Sie haben die Aufgabe, jedem einzelnen Mitarbeiter bewußt zu machen, daß er entscheidend dazu beiträgt, Spitzenerzeugnisse herzustellen.

Erfolge der Fehlerverhütung sind keine Zufallstreffer! Sie sind vielmehr das Ergebnis konkreter Maßnahmen, die dem Zweck dienen, jede Arbeit – und damit das Erzeugnis – gleich richtig zu machen:

„Null-Fehler" ist ein realistisches Ziel, obwohl jeder Fehler macht! Erreicht wird dies durch konsequente
- Fehlerverhütung (z. B. mit FMEA . . .)
- Fehlerursachenermittlung und deren Beseitigung
  = ständige Qualitätslenkung in allen Tätigkeiten.

Strategie »Null-Fehler«

Qualitätsverbesserung in allen Bereichen muß sein:

- ☐ Ständige Verbesserung statt sporadischer Aktionen
- ☐ Fehlerverhütung statt Fehlerbeseitigung
- ☐ Systematisches, professionelles Vorgehen (<u>P</u>lan, <u>D</u>o, <u>C</u>heck, <u>A</u>ction)

Voraussetzungen für Null-Fehler:

- ☐ robustes Produktdesign
- ☐ beherrschte Prozesse
- ☐ geeignetes Material
- ☐ geeignete Arbeitsmittel
- ☐ effiziente Arbeitsmethoden (Teamarbeit)
- ☐ anforderungsgerechte Qualifikation und Weiterbildung
- ☐ gezielte und umfassende Information z.B. aktueller Anforderungskatalog (Spezifikation)

Kommentar zur Vorlage 2.4.2
Verbesserungsprogramme

Qualitätsverbesserungsprogramme setzen sich zusammen aus (vgl. Vorlage 2.1.2):
- Qualitätsstrategie
- Qualitätsziele
- Qualitätsmaßnahmen.

Sie werden ausgelöst durch:
- Umsetzung von geschäftspolitischen Zielen in Aktionen und Teilaufgaben
- Vorgeschlagene Maßnahmen von Qualitätszirkeln, Verbesserungsteams oder Verbesserungsvorschlägen
- Analysen von Fehlern und Fehlerursachen
- Markt- bzw. Kundenforderungen.

Verbesserungsprogramme entstehen aus:

- Vorgaben des Managements/Unternehmensziele
- Vorschlägen von Qualitätszirkeln
- Fehlerursachenanalysen
- Betrieblichem Vorschlagswesen
- Fehlerhinweisaktionen
- Regelwerken, Auflagen
- Kundenforderungen

**Kommentar zur Vorlage 2.4.3
Meßgrößen**

Quantifizierbare Nachweismöglichkeit erhöht das Interesse und Engagement für Qualitätsverbesserung. Um ihre Wirksamkeit zu messen, sind geeignete Bewertungsgrößen notwendig, wie

- Verminderung der Durchlaufzeiten
- Verbesserung der Produktqualität, z. B. meßbar als
  Verlängerung der Lebensdauer
  Verminderung der Störzeiten
  Reduzierung der Fehleranteile
- Verminderung von Fertigungsunterbrechungen
- Verringerung der Kosten.

Hinweis:
Diese Meßgrößen dürfen nicht zur Beurteilung einzelner Mitarbeiter herangezogen werden.

Meßgrößen

- [ ] begleiten Verbesserungsprojekte
- [ ] machen Fortschritte quantifizierbar
- [ ] erfordern klare Projektbeschreibung und eindeutige Zielsetzung
- [ ] sind kein Mittel zur Mitarbeiterbeurteilung

2.5 Führungsverhalten

Kommentar zur Vorlage 2.5.1
Führungskräfte sind Vorbild

Führen heißt Vorleben, Führungskräfte sind Vorbild.

TQM ist ein Managementsystem, das an der Spitze des Unternehmens beginnt und alle Glieder erfaßt.

Mitarbeiter leben, urteilen, lassen sich bewegen und für eine Aufgabe begeistern durch Vorbilder.

Im Verhalten der Führungskräfte müssen sich deshalb die strategischen Zielsetzungen des Unternehmens widerspiegeln.

Nur durch sichtbar praktiziertes Management, durch Anleitung, Betreuung, Förderung, Qualität der eigenen Arbeit und Anerkennung entsteht Vertrauen und Glaubwürdigkeit.

TQM vorleben heißt:

- Verantwortung für einen Prozeß übernehmen
- Vorangehen, nicht nur dahinterstehen
- TQM-Ergebnisse sichtbar machen
- Fortschritte einschließlich Ergebnisse persönlich mit Mitarbeitern einmal pro Woche besprechen
- Gute Qualität anerkennen statt schlechte rügen

Führungskräfte sind Vorbild

2.5.2

- Mithilfe bei der Festlegung der Ziele und der Meßgrößen
- Meßgrößen für die **eigene** Arbeit haben und Ergebnisse veröffentlichen
- Verbesserungsvorschläge anregen und fördern
- Voraussetzungen für fehlerfreie Arbeit der Mitarbeiter schaffen

Führungskräfte sind Vorbild (Fortsetzg.)

2.6 Beurteilungs- und Belohnungssystem

Kommentar zur Vorlage 2.6
Beurteilungs- und Belohnungssystem

Unternehmensweite Verpflichtung zur Qualität erfordert die Beteiligung aller Mitarbeiter.

Die dazu notwendige grundlegende Änderung der Verhaltensweisen erreicht man nur, wenn Mitarbeiterleistungen kontinuierlich entwickelt, gefördert und anerkannt werden.

Beurteilungs- und Belohnungssysteme müssen deshalb angepaßt werden und TQM-Zielsetzungen beinhalten.

Erfolgreiches Praktizieren von TQM muß ein Bestandteil werden von:

- Beurteilungssystemen
- Anreizsystemen
- Auszeichnungssystemen

2.6

Beurteilungs- und Belohnungssystem

3 TQM als Managementsystem

Kommentar zur Vorlage 3
TQM als Managementinstrument

Systematische und kontinuierliche Anwendung von TQM unterstützt das Management bei der Erfüllung externer und interner Anforderungen.

TQM als Management-system

Forderung	TQM-Unterstützung durch
- Kundenzufriedenheit (Termin, Preis, Qualität, Betreuung)	Verständnis für Kunden-Lieferanten-Beziehung und störungsfreie Umsetzung
- Gesetze, Vorschriften, Richtlinien (Produkthaftung, VDA, VDE, FTZ...)	Sicherung der Umsetzung der Forderungen in konkrete Maßnahmen in allen Phasen im Produkt-Zyklus (Quality function deployment)
- Kundenforderungen (Q101, AQAP, DIN, ISO...)	

Externe Forderungen

3.1.1

Wichtige Unternehmensziele
- Fortschrittliche Erzeugnisse
- Hoher Qualitäts- und Zuverlässigkeits-Standard
- Hohe Marktakzeptanz
- Hohe Wirtschaftlichkeit
- Gutes Firmenimage

Gesetzliche Auflagen
- Sicherheit
- Umweltschutz
- Produkthaftung
- Normen

Verschärfter Wettbewerb
- Höhere Technologien
- Wachsender Kostendruck
- Kürzere Innovationszeiten

Steigende Kundenerwartung
- Zusätzliche Funktionen
- Zunehmende Komplexität
- Höhere Leistung
- Extreme Einsatzbedingungen
- Hohe Sicherheit
- Erhöhte Zuverlässigkeit
- Servicefreundlichkeit
- Preisgünstige Erzeugnisse
- Kürzere Entwicklungszeiten

→ **Systeme / Produkte / Prozesse / Abläufe**

Quelle: BMW

Ursachen für steigende Qualitätsforderungen

Produkthaftung

I. Zivilrechtliche Ansprüche gegenüber dem Hersteller (Unternehmen und/oder verantwortlich Handelnde)

Anspruchsteller muß beweisen	1. Fehler (Konstruktions-, Fabrikations-, Instruktionsfehler) 2. Kausalität (Ursächlichkeit des Fehlers für den eingetretenen Schaden)		
Hersteller haftet für	Mangelfolgeschaden (Schäden als Folge mangelhafter Produkte)		
	Unerlaubte Handlung § 823 BGB	Vertrag (Kauf-, Werkvertrag)	Produkthaftungsgesetz (ab 01.01.1990)
aus			
für	Personen-, Sachschäden	Personen-, Sach-, Vermögensschäden	Personenschäden (kein Schmerzensgeld) Sachschäden an privat genutzten Gütern
gegenüber	jedermann	Vertragspartner	jedermann
Verschulden	wird vermutet, Hersteller muß Entlastungsbeweis antreten (Beweislastumkehr)		Hersteller haftet auch ohne Verschulden (Gefährdungshaftung)

II. Strafrechtliche Inanspruchnahme der verantwortlich Handelnden bei Personenschäden

Wegen	fahrlässiger Körperverletzung:	Geldstrafe oder Freiheitsstrafe bis zu 3 Jahren
	fahrlässiger Tötung:	Geldstrafe oder Freiheitsstrafe bis zu 5 Jahren

Quelle: Philips, HDI

3.2 Interne Forderungen

**Kommentar zur Vorlage 3.2
Interne Forderungen**

Um „Just-in-time" durchführen zu können, sind

- ausgereifte Produkte, d. h.
- fertigungs- und prüffreundliche Entwicklung und Konstruktion
- qualitativ einwandfreie Zulieferungen
- gesicherter Produktionsablauf
- anwenderfreundliche Inbetriebnahme und Wartung,

d. h. Beherrschung der Arbeitsprozesse in allen Phasen des Qualitätskreises, erforderlich.

Um die Flexibilität des Unternehmens zu erreichen, ist außer den oben genannten Voraussetzungen ein entsprechend geplanter und realisierter Ablauf, der kurzfristige Reaktion auf Kundenforderungen aller Einheiten des Qualitätsregelkreises ermöglicht, sicherzustellen.

Voraussetzung für die Fehlerkostenreduzierung ist das Erkennen der Ursachen für Fehler und Kosten mit Hilfe der Fehleranalyse und die Eliminierung durch entsprechende Korrekturmaßnahmen.

- Just-in-time — Beherrschung der Prozesse
  - ☐ sichere Termine
  - ☐ weniger Fehler/Ausssschuß

- Flexibilität — Akzeptanz und Umsetzung von Kundenforderungen in allen Betriebsteilen mit flexiblen Prozessen

- Kostenreduzierung — Beseitigung von Fehler**ursachen** in **allen** Bereichen

- Mitarbeiterzu-friedenheit — Verständnis für Zusammenhänge Entwicklungsmöglichkeit Freude an störungsfreier Arbeit

Interne Forderungen

TQM erfordert systematische und kontinuierliche
Anwendung geeigneter Verfahren und Werkzeuge

Beispiele:

☐ Sieben Werkzeuge (»seven tools«):

1. Erfassung von Daten
2. Strichliste
3. Histogramm
4. Pareto-Diagramm
5. Ursachen-Wirkungs-Diagramm
6. Korrelations-Diagramm
7. Qualitätsregelkarte

□ Sieben Werkzeuge (»new seven tools«):
  1. Affinity Diagram
  2. Relations Diagram
  3. Tree Diagram
  4. Matrix Diagram
  5. Matrix-Data Analysis
  6. Process Decision Program Chart (PDPC)
  7. Arrow Diagram

- ☐ Qualitätsverbesserungsgruppen/Zirkel
- ☐ Quality function deployment (QFD)
- ☐ Policy deployment
- ☐ Versuchsmethodik
- ☐ Taguchi
- ☐ Audit
- ☐ FMEA
- ☐ SPC
- ☐ DGQ-Schrifttum
- ☐ DGQ-Lehrgänge u. -Seminare

TQM-Verfahren und -Werkzeuge (Fortsetzg.)

3.3.2

Geschäftsleitung

- ☐ Managementzustimmung
- ☐ Definition der Programminhalte in den Bereichen
- ☐ Maßnahmen, Projekte zu
  - Managementverpflichtung
  - Mitarbeiterbeteiligung
  - Prozesse/Verfahren

TOP DOWN
»informieren«

BOTTOM UP
»agieren«

- ☐ Ressourcen
  - Qualitätssicherungs-System
  - Phasenmodell der Produktentstehung
  - Motivationskonzepte (Q-Zirkel...)
  - Information und Weiterbildung

Mitarbeiter

Quelle: SEL

Abhängigkeiten

3.4

4 Einführungsplan für TQM

Kommentar zur Vorlage 4
Einführungsplan für TQM

Voraussetzung für eine erfolgreiche Einführung von TQM ist eine sorgfältige Planung der Vorgehensweise, die aus den beschriebenen Einzelschritten bestehen sollte. Entscheidend ist von Anfang an die aktive Förderung durch das Top-Management, die frühe Einbeziehung des Betriebsrates in die Information und in die Weiterbildung, sowie die Bereitstellung der erforderlichen Personalkapazität und der Finanzmittel.

Einführung von TQM ohne diese Mittel ist nicht möglich. Die zeitweilig notwendige Personalkapazität (z. B. für Weiterbildung, Verbesserungsprojekte etc.) ist in der Regel durch Prioritätsverschiebung zu realisieren.

Einführungsplan für TQM

- ☐ Top Management-Verpflichtung
- ☐ Einbeziehung des Betriebsrates
- ☐ Ernennung eines TQM-Lenkungsgremiums
- ☐ Ernennung eines TQM-Koordinators
- ☐ Bereitstellung der finanziellen und personellen Mittel
- ☐ Definition einer Qualitätspolitik des Unternehmens

Einführungsplan für TQM

- ☐ Information von allen Mitarbeitern
- ☐ Start der unternehmensweiten Weiterbildung
- ☐ Start der TQM-Aktivitäten in allen Betriebsteilen
- ☐ Start erster Verbesserungsprojekte

Einführungsplan für TQM (Fortsetzg.)

- ☐ Verbesserungsprojekte für eigene Arbeit
- ☐ Veröffentlichung des eigenen Standpunkts (Interview, Video, Betriebsversammlung, Werkszeitung u.s.w.)
- ☐ Aktive Unterstützung von Verbesserungsmaßnahmen
- ☐ Lob und Anerkennung
- ☐ Leitung von »TQM-Audits«
- ☐ Umsetzung und persönliche Teilnahme an
- ☐ Überprüfung des TQM-Systems

Top Management-Verpflichtung

4.1

4.2 Lenkungsgremium

**Kommentar zur Vorlage 4.2
Lenkungsgremium**

Eine Lenkungsgruppe ist zur kontinuierlichen Steuerung des TQM-Prozesses im Unternehmen erforderlich. Da TQM primär eine Aufgabe des Managements ist, sollte das jeweils oberste Führungsgremium eines Unternehmens und der Betriebsteile die Aufgabe der TQM-Lenkungsgruppe zusätzlich übernehmen. Der TQM-Koordinator sollte in jedem Falle Mitglied dieser Lenkungsgruppe sein.

- Mitglieder:
  - oberste Führungsebene
  - TQM-Koordinator

- Aufgaben
  - Initiierung, Steuerung, Förderung und Überwachung des TQM-Prozesses

Lenkungsgremium

4.2

4.3 TQM-Koordinator

Kommentar zur Vorlage 4.3
TQM-Koordinator
Ein guter TQM-Koordinator hat sich als unverzichtbare Funktion erwiesen. Seine Qualitäten für diese Aufgabe beeinflussen Intensität und Dauerhaftigkeit des TQM-Prozesses in entscheidender Weise. Es kann eine Voll- oder Teilzeitfunktion sein. Bei Teilzeitfunktion muß die Unternehmensleitung für ausreichende Entlastung von bisher wahrgenommenen Aufgaben sorgen.

4.3

- »Unabhängige(r)« Mitarbeiter
- direkt der Unternehmensleitung unterstellt,
- Mitglied des TQM-Lenkungsgremiums
- Know-How-Zentrum
- Mittler zwischen Leitung und Vorgesetzten/ Mitarbeitern
- Organisation d. Information und Weiterbildung; TQM-Informationen, Aktionen
- »TQM-Controlling«

TQM-Koordinator

- Regelmäßige Information der Mitarbeiter durch die Vorgesetzten über
  - Unternehmens-/Bereichsziele und -ergebnisse
  - TQM-Ergebnisse

- Information der Vorgesetzten durch die Mitarbeiter über
  - Verbesserungsprojekte und Ergebnisse
  - Schwachstellen und Probleme

Mitarbeiterinformation

4.4

4.5 Weiterbildung

Kommentar zur Folie 4.5
Weiterbildung

Die Einführung von TQM in ein Unternehmen ist nur erfolgversprechend, wenn alle Mitarbeiter ausreichend weitergebildet werden. Zu unterscheiden ist zwischen einführender Weiterbildung aller Führungskräfte – beginnend bei der Unternehmensleitung –, die mindestens zwei Tage dauern soll und der etwa halbtägigen Weiterbildung aller Mitarbeiter ohne Führungs- und Stabsaufgaben. Die intensivere Weiterbildung der Führungskräfte ist notwendig, weil diese Vorbild- und Förderungsfunktion im TQM-Prozeß übernehmen und ihre diesbezügliche Rolle verstehen müssen.

- Inhalte TQM-Weiterbildung Führungskräfte:
  - Grundlagen und Elemente von TQM
  - Unternehmensqualitätspolitik
  - Anwendung der Methoden auf eigene betriebliche Projekte
  - Erarbeitung betriebsspezifischer Vorgehensweise

- Inhalte TQM-Weiterbildung Mitarbeiter:
  - Grundlagen und Elemente von TQM
  - Unternehmens- und Bereichsqualitätspolitik
  - Erarbeitung erster Verbesserungs"projekte".

Darüber hinaus müssen TQM-Grundlagen Bestandteil der Fach- und Führungsseminare werden, um keine Lücken bei neuen Mitarbeitern oder Führungskräften entstehen zu lassen.

4.5

☐ Einführungsseminare für
 - alle Führungskräfte
 - alle Mitarbeiter

☐ TQM als Bestandteil von
 - Einführungsseminaren für neue Mitarbeiter
 - allen Führungsseminaren
 - wichtigen Fachseminaren

Weiterbildung

4.6 Arbeiten aller an ständiger Verbesserung

Kommentar zur Vorlage 4.6
Arbeiten aller an ständiger Verbesserung

Eines der Ziele des TQM ist, bei jedem Mitarbeiter den Wunsch nach ständiger Verbesserung der eigenen Arbeit zu wecken und wachzuhalten.

Ziel: Wunsch nach ständiger Verbesserung der **eigenen** Arbeit

Maßnahmen:
- ☐ Information aller über Notwendigkeit
- ☐ geeignetes Umfeld schaffen (Freiraum für Verbesserungen)
- ☐ Mitarbeiterinitiative fördern
- ☐ Verantwortlichkeit für Ergebnisse der eigenen Arbeit
- ☐ Qualität der eigenen Arbeit definieren und quantifizieren
- ☐ Entscheidungs- und Fachkompetenz in eine Hand legen
- ☐ Teilnahme an Qualitätsverbesserungsgruppen und -projekten

Arbeiten aller an ständiger Verbesserung

4.7 TQM-Audit und -Review

Kommentar zur Vorlage 4.7
TQM-Audit und -Review

Auch der TQM-Prozeß bedarf einer begleitenden Überwachung durch das Top-Management. Hierzu sind regelmäßige Audits ein geeignetes Instrument. Diese stimulierende Wirkung regelmäßiger (d. h. mindestens 1 pro Jahr) Audits verhindert auch das Erlahmen des TQM-Prozesses nach der ersten Euphorie.

- Audit durch Management
- Regelmäßige Wiederholung
- Audit von
  - TQM-Prozessen
  - TQM-Ergebnissen
- Auditergebnisse zu neuen Verbesserungen nutzen

TQM-Audit und -Review

4.8 Anerkennung

**Kommentar zur Vorlage 4.8
Anerkennung**

Nichts stimuliert Mitarbeiter mehr als Anerkennung. Erfahrungen haben gezeigt, daß die immateriellen Anerkennungen durch Vorgesetzte bei den Mitarbeitern in aller Regel höhere Motivation erzeugen als bloße Überweisung von Geld- und Sachprämien.

Materiell:
- ☐ Geld- oder Sachprämie
- ☐ Beförderung

Immateriell:
- ☐ Lob
- ☐ Auszeichnung
- ☐ »Blick über den Zaun«
- ☐ Ausweitung der Verantwortung
- ☐ Gemeinsames Treffen mit Manager
- ☐ Publikation der Arbeit

Anerkennung

- Nachschulung
- Ergebnispublikation
- Aktualisierung der Qualitätspolitik
- Aktualisierung und Erneuerung der Einführungsschritte

(Do it again!)

Wiederauffrischung

5 Literatur

[1] W. E. Deming: Quality, Productivity and Competitive Position, Massachusetts Institute of Technology (MIT), 1982

[2] DIN ISO 9001: Qualitätssicherungs-Nachweisstufe für Entwicklung und Konstruktion, Produktion, Montage und Kundendienst, Ausgabe Mai 1987, Beuth Verlag, Berlin

DIN ISO 9004: Qualitätsmanagement und Elemente eines Qualitätssicherungssystems – Leitfaden, Ausgabe Mai 1987, Beuth Verlag, Berlin

[3] DGQ-Schrift 14–12: M. Schubert, Praxis der Qualitätszirkel-Arbeit, 1. Auflage 1989, Beuth Verlag, Berlin

Weitere Literatur:

A. V. Feigenbaum: Total Quality Control, 3. Auflage 1983, McGraw-Hill Book Company, New York

H.-U. Frehr: Der steinige Weg von QC nach TQC; Qualität und Zuverlässigkeit, Heft 3/1988

M. Imai: Kaizen – The Key to Japan's Competitive Success, Random House Business Division, 1986

J. M. Juran: Quality Control Handbook, 4. Auflage 1988, McGraw-Hill, New York

J. S. Oakland: Total Quality Management, 1. Auflage 1989; Redwood Burn Ltd., Trowbridge, Wiltshire

K. J. Zink (Hrsg.): Qualität als Managementaufgabe, 1. Auflage 1989, verlag moderne industrie

Notizen